楚国成语故事

主　编　刘玉堂
副主编　徐文武

WUHAN UNIVERSITY PRESS
武汉大学出版社

图书在版编目(CIP)数据

楚国成语故事/刘玉堂主编；徐文武副主编. —武汉：武汉大学出版社，
2022.8

ISBN 978-7-307-23073-6

Ⅰ．楚⋯　Ⅱ．①刘⋯　②徐⋯　Ⅲ．汉语—成语—故事—少儿读物
Ⅳ．H136.31-49

中国版本图书馆 CIP 数据核字(2022)第 074423 号

责任编辑：李　程　　　责任校对：汪欣怡　　　版式设计：韩闻锦

出版发行：**武汉大学出版社**　（430072　武昌　珞珈山）
　　　　　（电子邮箱：cbs22@whu.edu.cn 网址：www.wdp.com.cn）
印刷：武汉精一佳印刷有限公司
开本：787×1092　1/16　印张：7.5　字数：138 千字　　插页：2
版次：2022 年 8 月第 1 版　　2022 年 8 月第 1 次印刷
ISBN 978-7-307-23073-6　　　定价：49.00 元

《楚国成语故事》编纂委员会

主　任：刘玉堂

副主任：祁　慧　李　源　丁美华

成　员（以姓氏笔画为序）：

　　　　卢　川　吴光辉　徐文武　薛兆贵

《楚国成语故事》编写人员

主　　编：刘玉堂

副 主 编：徐文武

参编人员（以姓氏笔画为序）：

　　　　王兴富　王建军　王春桂　叶巧丽

　　　　冯大海　李　蒙　岳思思　谈　佳

　　　　蔡文静

插　　画：杨雅琪

目 录

第三单元　楚国名人成语故事

第四单元　楚国寓言成语故事

第五单元　楚国神话成语故事

第一单元 楚国郢都成语故事

朝 新 暮 敝

    楚国的都城郢都位于荆州古城以北 5 公里处，因为在纪山的南边，所以也称为"纪南城"。春秋时期，楚文王将楚国的都城定在这里以后，楚国一步一步地繁荣起来。到战国时期，郢都已成为我国南方最大、最繁华的"大都市"，也是当时我国南方政治、经济和文化的中心。

    在郢都城内，分布着宫殿区、贵族居住区、平民生活区，集市、手工业作坊等一应俱全。城内道路纵横交错，车水马龙，热闹非凡。达官贵人们坐着马车在城里穿行，马蹄声一阵阵传来，还夹杂着车轮碰撞的声音。街上店铺林立，商贾(gǔ)云集，货物琳(lín)琅(láng)满目。赶集的人像潮水一样一波接着一波涌来，人挨着人，人挤着人。路人一不小心，就会发生肩膀碰撞的事情。不过，碰到的人都会一笑而过，匆匆远去。有一次，一个外地人来到郢都。他早上穿着一身新衣服上街，对城里的一切都十分好奇，东看看，西瞅瞅，不知不觉到了傍晚。当他拖着疲惫的身子回到客舍，脱下外衣一看，发现好好的一件新衣服竟然被磨得又皱又旧，有的地方甚至都快磨破了。此后，他逢人便说："纪南城里真热闹，那可真是'肩摩毂击'，'朝衣新而暮衣敝'啊！"

🔵 成语解释

朝新暮敝：早上穿的新衣服，到晚上就破了。敝，破。形容城市里的行人众多，拥挤不堪。

🔶 成语造句

桃花盛开的时节，去看花的人络绎不绝，肩摩毂击，朝新暮敝。

🟢 成语出处

《新论·谴非》

层台累榭

战国时期，楚怀王受秦王欺骗，前往秦国商谈两国结盟的事。楚怀王刚进入秦国境内，就被秦军扣押起来。此后，楚怀王被秦军软禁长达三年之久。楚怀王因思念远在楚国郢都的亲人和百姓，终日忧愁，大病不起，最终客死他乡。噩耗传到楚国郢都，全城人都十分悲愤和痛苦。人们按照当时的习俗，为楚怀王举行了招魂的仪式。

在招魂仪式上，巫师对楚怀王的亡魂祷告，告诫他东西南北与天上地下都不能去，引导亡魂回到楚国的郢都。巫师喊道："魂啊，你回来吧！快快进入楚国郢都的城门。只要你返回故居，就会舒适安宁！"接着又喊道："你要找到你在世时居住的居室，这比在外面要宁静安乐。这里有高大的房屋，有深深的庭院，层台累榭，面朝高山。"巫师详细地描述了楚怀王生前在郢都宫廷的生活，引导他的灵魂返归故里。

成语解释

层台累榭：指在层层高台之上，建有重重叠叠的亭台楼榭。形容建筑高下相间，错落有致。层台，高台；累，重叠；榭，建在高土台上的敞屋。

成语造句

这处园林可谓是引人入胜，碧瓦朱檐，层台累榭，尽显主人的生活情趣。

成语出处

《楚辞·招魂》

注 释

楚怀王：战国时期楚国君王，熊氏，名槐。楚怀王因受骗入秦，被秦国软禁，后客死于秦。

招魂：古代的一种丧葬习俗。

03 曲 高 和 寡

　　楚顷襄王在位期间，楚国有一位青年才俊，名叫宋玉，因为很会吟诗作赋，被楚王任命为"文学侍从"。朝廷里有人认为宋玉自命清高，看不惯他，于是在楚王面前说他的坏话。楚顷襄王听信了别人的谗言，就把宋玉找来，问道："先生的有些行为不太规矩吧？为什么一些官员对你不满呢？"宋玉回答道："大王，您说得对，是有这种情况。希望大王宽恕我的罪过，并允许我把话说完。"然后，宋玉娓娓道来，给楚王讲了一个歌手的故事。

　　有个歌手在楚国郢都唱歌。起初他唱《下里》《巴人》，郢都城里跟着他唱的有几千人，因为这两首歌通俗浅显，也很容易歌唱。第二场唱《阳阿(ē)》《薤(xiè)露》，郢都城里跟着他唱的人减少了很多，但还有几百人跟着唱和，因为这两首歌的难度提高了一点。等到第三场唱《阳春》《白雪》的时候，郢都城里跟着他唱的只剩下几十人了，因为这两首歌很高雅，演唱的难度太大了。由此看来，歌曲越是高雅，演唱的难度越高，唱和的人也就越少，这真是"曲高和寡"啊！

楚王听完宋玉讲的这个故事后，不再听信谗言，反而更加信任他了。

成语解释

曲高和寡：歌唱的曲调越高深，能跟着和唱的人就越少。用以比喻言论或作品不通俗，能了解的人很少。

阳春白雪：原指战国时代楚国的艺术性较高，难度较大的歌曲。后来泛指高雅高深的、不通俗的文学艺术。

下里巴人：原指战国时代楚国民间流行的歌曲，用以比喻通俗的文学艺术。

成语造句

伟大的艺术作品往往曲高和寡。

成语出处

《昭明文选·对楚王问》

> **注 释**
>
> 楚顷襄王：战国时期楚国君王，熊氏，名横。楚顷襄王在位时，秦国攻陷楚国郢都纪南城，楚国被迫迁都陈城(今河南省周口市淮阳区)。
>
> 宋玉：战国时期楚国著名文学家，存世的作品有《九辩》《风赋》《高唐赋》等。

运斤成风

　　楚国郢都有一个泥瓦匠，他在做工的时候，鼻子上粘了一层白灰。这层白灰薄极了，像苍蝇的翅膀那样薄。与他一同做工的人中，有一个名叫石的能工巧匠，善于使用大斧子，人们便以"匠石"来称呼他。泥瓦匠叫来匠石，让匠石用大斧子把自己鼻尖上的白灰削掉。

　　只见匠石挥起斧子，朝着泥瓦匠的鼻尖就砍下去。匠石手中的斧子随风而起，呼呼作响。泥瓦匠站着一动不动，面不改色，镇定自若，任凭斧子砍向他的鼻尖。结果真是太神奇了，匠石手中的斧子落下后，泥瓦匠鼻子上的白灰被削得干干净净，而他的鼻子却安然无恙。

宋国的国君听说此事后，很是好奇。他派人到楚国请来这位运斤成风的匠石，说道："我的鼻尖上也涂上了一层白灰，你照着先前的样子，再演示一遍，来吧！"匠石回答道："我能用斧子削掉泥瓦匠鼻尖上的白灰，一方面是因为我使用斧子的技艺十分纯熟，另一方面离不开泥瓦匠对我的信任，正是因为我们配合默契，才能做到啊！可惜他已经离开人世了，我再也找不到合作的伙伴了。"

成语解释

运斤成风：挥动斧头，风声呼呼。比喻手法纯熟，技术高超。运，挥动；斤，斧头。

成语造句

那位木匠师傅的手艺高超，运斤成风，令人赞叹不已。

成语出处

《庄子·徐无鬼》

05

郢 书 燕 说

  楚国郢都有个人写信给燕国的相国。这封信是在晚上写的，写信的时候，烛光不太亮。他想让仆人把膏烛举高一点儿，就对在一旁端膏烛的仆人说："举烛。"因为在专心致志地写信，他嘴里说着"举烛"的同时，不自觉地把"举烛"两个字也写到了信里。

  燕相收到这个楚国人的信后，对信中"举烛"二字琢磨了很久，他始终觉得这两字令人费解。"久闻四海之内唯楚有才，楚人写这两个字一定用意深远！"燕相想到这里，忽然灵机一动。他若有所悟地说："举烛，就是崇尚光明，就是要选举有德有才的人来治理国家。楚人信中突出'举烛'二字，是希望我们选贤任能啊！"后来，燕国的国君在相国的辅佐下，选贤任能，使燕国强大了起来。

 **成语解释**

郢书燕说：原指楚国人书信中的笔误，被燕国人误解后作了另外的解释。后世多用来比喻穿凿附会，曲意理解，妄加臆断。

成语造句

阅读古文要尊重原意，万万不可借题发挥，郢书燕说。

成语出处

《韩非子·外储说左上》

> **注 释**
> 膏烛：古代用动物或植物油脂作为燃料的照明工具。《楚辞·招魂》："兰膏明烛，华灯错些。"

第二单元　楚国君王成语故事

筚 路 蓝 缕

　　西周时期，楚人首领熊绎被周王室封为诸侯，楚国得以建立。当时的楚国地处条件恶劣、人烟稀少的荆山，封地面积非常小，是一个贫穷弱小的诸侯国，被周王室冷眼相看。在一次诸侯会盟中，中原诸侯国君都进入大殿与周天子一起参加宴会，熊绎作为楚国国君，却只能在门外守护"燎火"，受尽冷落和屈辱。

　　熊绎从小受到先辈的熏陶和教诲，不因艰难困苦而退缩。为了谋求生存和发展，不再受周王室和各诸侯国的欺凌，他毫不犹豫地带上家人及族人，进山和子民们一同开荒种地。作为一国之君，他穿着破旧的衣裳，驾着荆竹编制的柴车，带领臣民和族众，在荆山的灌木丛中和荒草野地里辛勤耕耘。于是，国君"筚路蓝缕，以启山林"的事迹广为流传，楚国臣民深受感动，充满信心和干劲。

在熊绎之后，"筚路蓝缕"的开拓精神代代相传。历代楚国国君一直教育百姓不要忘记建国的艰难，带领楚人披荆斩棘，艰苦创业。经历数百年的不懈努力，楚国逐渐发展，日益强盛起来。

成语解释

筚路蓝缕：本义是指驾着简陋的车，穿着破烂的衣服去开辟山林。形容创业的艰苦。筚路，用荆竹编成的简陋的车；蓝缕，形容衣服破烂不堪。

成语造句

新中国的建设者们筚路蓝缕，开创了我国工业发展的新时代。

成语出处

《左传·宣公十二年》

注 释
熊绎：西周时期楚国国君，熊氏，名绎。熊绎是楚国的开国之君。

07

精诚所至，金石为开

　　熊渠是西周时期楚国的一位国君。他不仅勇力过人，胆略非凡，而且是楚国的重要开拓者之一。

　　熊渠射箭技艺高超，是一名神射手。一天傍晚，熊渠骑马带兵在山中行军，发现远处草丛中隐隐约约潜伏着一只老虎，好像正准备向他扑来。熊渠大吃一惊，急忙取出弓箭，瞄准老虎，用尽全身力气拉开硬弓，"嗖"的一声，箭正中老虎。熊渠接着抽出第二支箭，再看老虎时，老虎却纹丝不动，还是稳稳当当地蹲在草丛里。刚才射中了吗？老虎死了吗？还是没有射中？熊渠带着疑问下了马，弯弓搭箭，小心翼翼地向老虎走去。走得越来越近了，老虎还是一动也不动，熊渠拨开眼前的茅草，仔细观察。原来不是老虎，是一块大石头！这时，熊渠才松了一口气，放下了弓箭。

熊渠走到大石头前面仔细查看，发现他刚才射出的那支箭竟然深深地射进了石头里面，只剩下了箭羽的后半截。这件事传开后人们纷纷称奇。

成语解释

精诚所至，金石为开：指人的真诚之心能感动天地，使金石为之开裂。形容一个人心诚志坚，力量无穷，就能够解决所有的难题。精诚，真诚。

成语造句

"精诚所至，金石为开"，相信自己的努力，总会有收获的一天。

成语出处

《新序·杂事四》

注 释

熊渠：西周时期楚国国君，熊氏，名渠。熊渠将楚国的势力扩展到长江中游地区，奠定了后来楚国发展的基础。

08

城 下 之 盟

春秋时期，楚武王率军攻打邻国绞国，连战连捷，一直攻到了绞国都城的南门。绞国军队凭借高大坚固的城墙顽强抵抗，楚军先后几次攻城，都失败了。

楚国有个名叫屈瑕的大将军，向楚武王献了一条诱敌出城的计策。他对楚王说："我们把少许士兵化装成伙夫，然后让他们到绞国城外的山上打柴，故意不派军队保护他们，绞国的官兵就会出来抓他们。绞国人有勇无谋，让我们牵着他们的鼻子走吧。"

于是，楚武王让楚国的士兵依计而行。绞国人看到城外山上有不少打柴的楚人，没有军队保护，就派了一队人马去抓，一下子就抓去了三十个楚国人。

第二天，楚国人又故意派出了更多的人去打柴，绞国士兵完全放松了警惕，争先恐后地从北门出城，跑到山里去抓打柴的人。

这一次，楚军兵分两路，迅速行动。一路楚军立即封锁绞国都城的北门，截断绞国军队回城的退路；另一路楚军则早已在城外的山中设下埋伏。等绞国更多的官兵出城抓人的时候，楚军发动突然袭击，把绞国军队打得大败。楚军兵临城下，绞国无力抵抗，只好跟楚国签订了屈辱的"城下之盟"，表示臣服。

成语解释

城下之盟：指在敌方兵临城下时被迫签订的屈辱性条约。

成语造句

清朝统治者屈服于外敌压力，屡次签订城下之盟。

成语出处

《左传·桓公十二年》

注 释

楚武王：春秋时期楚国君王，熊氏，名通。熊通是楚国第一个自称为王的国君。

屈瑕：楚武王之子，屈氏，名瑕。因封地为屈，故以屈为氏。

噬脐莫及

　　楚文王的母亲邓曼是邓国人，因此，邓国是他的母舅之国。楚文王要率军从邓国借道，前去攻打申国，邓国的国君邓祁侯说："楚王是我的外甥。"他不仅答应了楚文王借道邓国的请求，还打算隆重地款待他。

　　邓祁侯的三位大臣，也是他的三个外甥——骓、聃和养，担心楚文王会以攻打申国为借口，乘机灭了邓国，于是一起来劝说邓祁侯先下手为强，赶紧把楚文王杀掉。他们对邓祁侯说："如果不及早杀死楚文王，今后他必定会灭掉邓国。到那时，国君您再想除掉他，就好像自己咬自己的肚脐一样，是根本做不到的。"可是，邓祁侯说："如果我这样做了，人们都会鄙视、唾弃我的。"他的三个外甥说："您若是不听我们的话，不杀掉楚王，恐怕连宗庙社稷都保不住，哪里还有人来理你呢？"

邓祁侯不管这三个外甥怎么说，都没有接受他们的建议，执意让楚文王率军借道邓国攻打申国。果然不出三位大臣所料，楚文王在灭掉申国返回楚国的途中，就顺道攻打了邓国。邓祁侯真是噬脐莫及，后悔当初没有杀掉楚文王。十年后，楚文王出兵灭掉了邓国。

成语解释

噬脐莫及：本义是像自己咬自己的肚脐，够不着。比喻后悔也来不及。

成语造句

一个人犯了错不要紧，只要改正过来就好了，否则，就噬脐莫及了。

成语出处

《左传·庄公六年》

> **注 释**
> 楚文王：春秋时期楚国君王，熊氏，名赀。楚文王即位后，将楚国国都迁到今湖北荆州纪南城。

10

退避三舍

　　晋公子重耳逃亡到楚国，楚成王盛情款待了他。在重耳离开楚国时，楚成王问道："如果有朝一日，你回到晋国当了国君，将怎样报答我？"重耳说："楚国物产丰富，比晋国富有多了，我拿什么报答您呢？以您的贤明，以后如果晋楚交战，我将率兵后退三舍。如果您认为这样还不够，我将只好与您一战！"

　　四年后，重耳在秦国帮助下回到晋国当了国君，他就是晋文公。为了争夺中原霸主地位，晋楚两国爆发了战争。

　　两军相遇后，大战在即，晋国主将却下令晋军向后撤退。晋军中有些将士想不通为何后退，议论纷纷。晋国大将狐偃向众人解释说："当初我们的国君在流亡时，得到过楚王的帮助。国君对楚王承诺过，若是两国交战，晋国自愿退避三舍以报答昔日恩情。我军今天后撤，就是为了兑现国君的这个诺言啊！我们要是对楚国失了信，就理亏了。我们退了兵，如果他们还不罢休，那就是他们理亏，我们再跟他们交战也不迟。"

晋军一口气后撤了九十里，到了一个叫城濮的地方，才停下来布兵列阵。楚军有些将军见晋军后撤，想停止进攻。可是楚军主帅成得臣却不答应，还派人向晋文公下战书，措词十分傲慢。成得臣一向骄傲自大，不把晋军放在眼里，结果被晋军打得大败，带着残兵败将向楚国撤退。走到半路上，觉得没法向楚成王交代，就谢罪自杀了。城濮之战后，晋文公就成了中原的霸主。

成语解释

退避三舍：主动退兵九十里。比喻对人让步，避免冲突。古代行军以三十里为一舍。三舍，九十里。

成语造句

看到对方来势汹汹，他决定先退避三舍，思考应对良策。

成语出处

《左传·僖公二十三年》

> **注释**
>
> 楚成王：春秋时期楚国君王，熊氏，名恽。在位时期，为争夺诸侯霸主地位，先后与齐、宋、晋诸国进行较量。

11 一鸣惊人

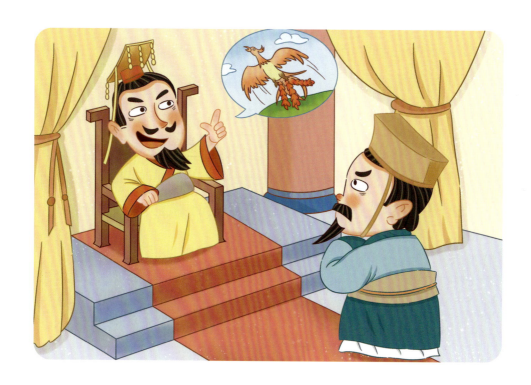

楚庄王即位后，沉溺于享乐之中，每日不理朝政，吃喝玩乐、肆意妄为，还下令对前来进谏的人一律杀无赦。

大臣伍举前去见楚庄王，见他坐于钟鼓之间，陶醉于声色之中，于是冒死进谏说："在一座土丘上有一只鸟，三年来既不高飞，也不鸣叫，这到底是一只什么鸟啊？"伍举是想以这只"不飞不鸣"的鸟来提醒楚庄王不能没有作为。楚庄王对伍举说："三年不飞，飞将冲天；三年不鸣，鸣将惊人。"

听了楚庄王的话后，伍举以为他将要奋发有为了，可是一连数月之后，他却依然如故。另一位名叫苏从的大臣再次入宫，冒死进谏。楚庄王问道："你难道不知道'进谏者死无赦'的禁令吗?"苏从说："如果能以死进谏，换取大王的清醒，我死也愿意。"正是由于伍举、苏从不顾个人安危冒死进谏，警醒了楚庄王。从此以后，他停止一切淫乐，一改往日的作风，开始积极理政，发展国家经济。楚国因之国力强盛，楚庄王成功跻身"春秋五霸"之列。

成语解释

一鸣惊人：指一声鸣叫让人震惊。比喻平时没有突出的表现，一下子做出惊人的成绩。

成语造句

这次期末考试，小茗同学一鸣惊人，取得了全校第一的好成绩。

成语出处

《史记·楚世家》

> **注 释**
> 楚庄王：春秋时期楚国君王，熊氏，名侣。楚庄王是楚国历史上最有作为的君王之一，跻身于"春秋五霸"之列。

12 楚庄绝缨

　　有一天，楚庄王宴请文武百官。宴会上，烛光照映之下，人影朦胧，欢歌笑语不断。忽然，一阵风吹来，烛火全被吹灭了，顿时一片黑暗，什么都看不清了。

　　在一片黑暗之中，楚庄王的宠妃许姬突然惊叫了一声。楚庄王问道："爱妃为什么惊叫啊？"许姬很不高兴地说："有人乘着没有灯光非礼我，我已经扯断了他帽子上的缨带，点亮灯后，看哪位大臣的帽缨不见了，那就是他做的。请大王明察。"

　　楚庄王听完许姬的话后，高声说道："先别点蜡烛了，今天寡人请众臣饮酒，一定要尽兴畅饮，一醉方休。"他接着又说："一会灯点亮后，我看谁的帽缨还没有扯下来，就说明他没有尽兴饮酒，要加罚三杯。"众臣一听，纷纷摘下帽子，扯断帽子上的缨带。这时，楚庄王才吩咐把蜡烛点燃。众人互相一看，所有人的帽子都已面目全非，无一完好，不禁都哈哈大笑起来，喝得更加痛快。直到天亮，君臣才心满意足地散去。

回到宫里，许姬非常生气，埋怨楚庄王故意包庇调戏她的人。楚庄王却说："那位大臣只是酒后失态，情有可原。如果我为了这点小事而治大臣的罪，不仅让宴会大煞风景，而且会让大臣觉得羞辱，这就不是我设宴的本意了。"

后来，楚庄王攻打郑国，有一位名叫唐狡的将军特别勇敢，他冲锋陷阵，斩将夺关，屡建奇功，令楚军士气高涨。原来，唐狡就是在宴会上被许姬扯断帽缨的人，他奋勇杀敌，正是为了报答楚庄王的宽容大度。

成语解释

楚庄绝缨：原指楚庄王宽待下臣，后指待人宽宏大量。楚庄，楚庄王。

成语造句

你这样宽宏大量原谅了我的过错，大有楚庄绝缨的风范啊！

成语出处

《说苑·复恩》

肉袒牵羊

　　郑襄公本来是归附楚国的，后来又背叛楚国，归附了晋国，这可把楚庄王气坏了。楚庄王率领三军，浩浩荡荡向郑国进发，要去教训郑襄公。

　　楚国的军队把郑国的都城团团围住，日夜攻打。郑襄公眼巴巴地等着晋国派救兵解围，可一连过去半个多月，晋国的救兵依然毫无音讯。郑襄公开始动摇了，准备放弃都城出逃。听到这个消息，全城百姓都号啕大哭起来。楚庄王听见城内老百姓悲惨的哭叫声，心中不忍，便下令楚军后撤。楚军中有将领不解地问："我们好不容易打塌了一段城墙，就该冲进城去，怎么反倒要退兵呢?"楚庄王说："郑国人已经知道我们的厉害了，他们会投降的，就不必死太多的人了。"楚国的军队后退十里安营扎寨，等到郑国将受损的城墙修好后才再次进攻。

经过三个多月的苦战，楚军终于攻进了郑国的都城。楚庄王率领楚军从皇门进入了城内，准备迎接郑国投降。只见郑襄公赤裸胸脯，牵着一只羊，向楚庄王走过来，说："我没有侍奉您，使您生气，全是我的罪过。我只希望大王您不要灭掉郑国，使郑国成为楚国的附庸，那便是您的大恩大德!"

楚庄王左右的大臣建议说："不可答应他的要求，既然攻占了郑国，郑国的领土就全部归楚国所有了。"楚庄王说："郑国的国君肉袒牵羊，以如此谦卑的礼节屈居他人之下，必定能取得郑国百姓的信任!何况我们出兵的意图，并不是要得到郑国的领土。"说完，下令楚军后撤三十里，与郑国签订了盟约。

成语解释

肉袒牵羊：古代战败投降的一种仪式，表示愿意降服顺从。

成语造句

那些咄咄逼人，不可一世的人，终有肉袒牵羊的那一天。

成语出处

《左传·宣公十二年》

民生在勤，勤则不匮

楚庄王亲率大军围困郑国国都后，晋国大将荀林父率军前往救援，但走到半路上，就听到郑国已经向楚国投降的消息。荀林父主张退兵回国，副将先縠则主张对楚作战。

先縠说："救援郑国却不敢作战，这是不尽力的表现；大敌当前却胆小怯战，这是不勇猛的表现。"说完便自己带领一队兵车，渡过黄河去追赶楚军了。荀林父没有办法，只得下令全军过河。

开战之前，郑国的使臣对晋国人说："楚军降服了郑国，一定会骄傲自满。骄兵必败，我们一定能打败楚国。"这时候，有个叫来书的人，上前说道："楚国自攻克庸国以来，楚国君王没有一天不在精心治理国家。他不断地教导百姓说：'楚国多灾多难，灾祸很快会降临在我们头上，一定要严加警戒不可懈怠。'他还用楚人祖先筚路蓝缕，以启山林的事迹教导百姓，良言规劝道：'民生在勤，勤则不匮。'由此看来，楚国人并没有像你说的那样骄傲自满。"

先縠没有听从栾书的劝告，继续向楚军挑战。不久，两军在邲地决战，楚国大胜晋国，楚庄王一举登上了"春秋霸主"的宝座。

 **成语解释**

民生在勤，勤则不匮：民众的生计、生活在于勤劳，勤劳就不会出现物资匮乏。民生，民众的生计、生活；匮，匮乏。

成语造句

"民生在勤，勤则不匮"，中国人民一定能用自己勤劳的双手创造美好的未来。

成语出处

《左传·宣公十二年》

15

楚 弓 楚 得

楚共王平时最喜欢打猎，常常拿着弓箭，在山野里猎取各种飞禽走兽。楚共王有一张非常好的弓，精美而且结实，令他爱不释手。每次打猎的时候，他必然会带着那张弓。有一天，他又去打猎，发现前面有猎物出现，就紧紧追赶。眼看越追越近，他想用箭射那只野兽，可是用手一摸，发现他那张心爱的弓不知丢到了哪里。

随行的侍卫都很紧张，因为他们知道楚共王对这张弓十分珍视，生怕他会怪罪下来。有人向楚共王请求说："让我们回去沿路寻找吧，也许能找到您那张心爱的弓。"

楚共王阻止了侍卫，说："不用去寻找了。我是一个楚国人，在楚国丢失了这张弓，最终捡到这张弓的一定是楚国人。楚国人丢失了弓，仍旧由楚国人得到，还有什么必要去寻找呢?"侍卫们听了都钦佩地说："大王的话讲得真有道理。"于是，谁也没有去寻找那张弓。

孔子知道这件事后，说："楚共王说得好，这说明他有宽阔的胸怀。但他这样说，胸怀还是不够广大。应该这样说：一个人丢失了弓，另一个人得到了，为什么一定要是楚国人呢?"人们都称赞说："孔子的话，才真正达到大公的地步了。"

成语解释

楚弓楚得：本指楚国人丢失了弓，又被楚国人获得。形容自己丢失的东西，没有被外人得到，不必耿耿于怀。常用来比喻失去的利益并没有外溢。

成语造句

楚弓楚得，我们公司内部各部门之间可以竞争创造效益，但不能让外人得渔翁之利。

成语出处

《说苑·至公》

注 释
楚共王：春秋时期楚国君王，楚庄王之子，熊氏，名审。

16

尾 大 不 掉

　　楚灵王兴兵灭掉蔡国后，把蔡国设为楚国的蔡县，在蔡县大修城池，派他的弟弟公子弃疾出任蔡县的县公。楚灵王问大臣申无宇说："我让弃疾做了蔡县的县公，会有什么问题吗？"申无宇没有正面回答他，而是列举正反两方面的历史事实，请楚王稍加戒备。楚灵王不以为然地说："我们楚国有高大的城墙，可以抵御任何叛乱，有什么可担心的呢？"

　　申无宇回答说："大王，一个国家拥有大城邑不一定是好事，反而会成为大的祸患。俗话说：'末大必折，尾大不掉'，意思是说，如果树的树枝太重了，必定会折断；野兽的尾巴太大了，就摇摆不起来。这个道理想必大王也是知道的。"

楚灵王没有在意申无宇的话，还是继续让弃疾做蔡县的县公。后来，弃疾慢慢积聚自己的势力，最终把楚灵王赶下了台，自己做了楚王。

成语解释

尾大不掉：动物的尾巴太大了就不易摇动。比喻部下实力强大，难以指挥调度。现多比喻机构庞大，指挥不灵。掉，摇动。

成语造句

对于工作中发现的问题要及时纠正。如果等到积重难返，已成尾大不掉之势，就很难改变了。

成语出处

《左传·昭公十一年》

注释

楚灵王：春秋时期楚国君王，熊氏，初名围，即王位后改名虔。楚灵王是楚国历史上有名的昏暴之君。

申无宇：春秋时期楚国大夫，申氏，名无宇。以敢于进谏，指斥君王的过错闻名。

17

昭王坠屦

春秋时期，吴国的军队大举进攻楚国。楚军虽顽强抵抗，但仍然寡不敌众，接连败北。吴军一路向楚国进逼，即将攻入楚国的都城郢都。楚昭王不得不带领群臣离开郢都，寻找避难之所，以待东山再起。

在出逃途中，楚昭王的一只鞋的鞋帮崩断了。情况危急，楚昭王根本不可能停下来修理鞋子，只能穿着坏鞋继续跑，跑着跑着，那只鞋就跑丢了。楚昭王光着一只脚，继续往前跑，跑出去30多步后，他才发现坏掉的那只鞋已经不在脚上了。他原路返回，找到了那只鞋，并把那只鞋放在了衣袖里，然后继续逃跑。

楚昭王逃到随国，受到了随国的庇护。他从衣袖里掏出那只鞋，仔细端详，内心充满了欣慰之情。他身边的人就问道："大王，您在逃难的时候，情形那么危急，您怎么还吝惜一只坏了的鞋呢？就不怕吴军追上来吗？"

楚昭王说："楚国是很穷，但我又怎么可能吝惜一只坏了的鞋呢？只是因为这只鞋是我从楚国穿出来的，无论如何，我也要穿着它一起返回楚国啊！"

楚昭王珍惜旧物，不忘故旧的事迹传开后，得到了楚国百姓的一致称赞。自此以后，楚国的风俗为之一变，楚人更加团结，再也没有出现相互遗弃的事情。

成语解释

昭王坠屦：楚昭王在战争中丢失一只鞋，还回头寻找，把它带回。后用"坠屦""堕履"等形容珍惜自己拥有的旧物，含不忘故旧之意。屦，鞋子。

成语造句

你对我的遗簪坠屦之恩，我一定好好报答。

成语出处

《新书·喻诚》

> **注 释**
> 楚昭王：春秋时期楚国君王，熊氏，名轸。楚昭王重用贤臣，改革政治，发展生产，使楚国走上了中兴的道路。

18

楚 江 萍 实

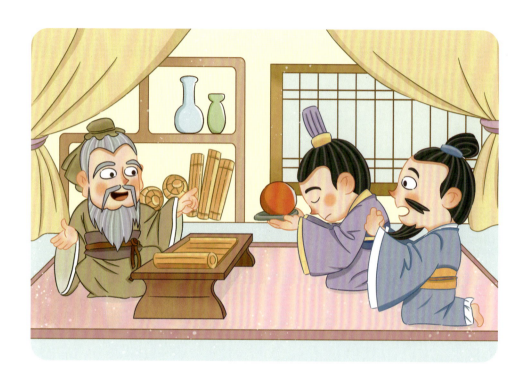

　　有一次，楚昭王乘船渡江，正欣赏着江中美景。他突然发现，江面上有一个物体径直向船头漂过来。这个东西像斗一般大，圆圆的，外表为红色。楚昭王觉得十分奇怪，于是就命人将它打捞上来。可这是什么东西呢？他问遍了身边的大臣，大臣都连连摇头，没有一个人认识。这时，他想起以博学著称的大学问家孔子，孔子周游列国，此时刚好来到了楚国，于是便派一位使臣带着这个神秘的东西去向孔子求教。

　　孔子看到楚国使臣送来的东西后说："这东西名叫萍实，剖开后可以拿来吃。萍实是吉祥的象征，只有能成就霸业的君王才可以得到它！"使臣立即带着萍实返回了楚国。楚昭王听说了这个消息后大喜，于是剖开萍实分给众人品赏，吃过的人都说，这是世界上最美的味道。

后来，吴国的军队攻占楚国的郢都长达 10 个月，楚昭王率领楚军赶跑吴军，恢复楚国，励精图治，实现了楚国的中兴。人们都说，孔子说的话得到了印证。老百姓开始传唱一首歌谣："楚王渡江，得萍实。大如斗，赤如日。剖而食之，甜如蜜。"

成语解释

楚江萍实：比喻难得的吉祥之物，或建立功业的吉兆，也用以指味道甘美的果品。

成语造句

这是我吃过的最好吃的水果了，大有楚江萍实的味道。

成语出处

《孔子家语·致思》

19 墨守成规

墨翟是墨家学派的创始人，他主张和平，反对战争，被尊称为"墨子"。墨子善于守城，很有名气，后来人们便把善于守城称为"墨守"。

楚惠王想要攻打宋国，他特地请来鲁国的工匠鲁班，让他为楚国设计制造攻城的云梯。墨子得知这个消息后，急忙赶到楚国，前去劝阻楚惠王。墨子一连走了十天十夜，到了楚国的郢都，竭力说服楚惠王不要攻打宋国。

楚惠王说："我国有鲁班新造的攻城器械，一定能攻下宋国。"

墨子说："鲁班有攻城的方法，我有守城的方法，鲁班战胜不了我的。不信就试试。"说着解下衣带围做城墙，用木片做武器，让鲁班同他分别代表攻守两方进行表演。鲁班九次用不同方法攻城，九次都被墨子化解了。鲁班攻城的器械已经使尽，而墨子的守城计策还绰绰有余。楚王说："虽然如此，但我有办法对付你，我不说。"墨子听了便说："我知道你要怎样对付我，但是我也不说。"鲁班听不懂，问他是什么意思。墨子说："大王是想杀害我。他以为杀了我，就没有人帮宋国守城了。他哪里知道我的三百门徒早已守在那里等着你们去进攻了。"楚王眼看没有把握取胜，就放弃了攻打宋国的计划。

 **成语解释**

墨守成规：墨子善于守城，人们就把固守城池称为"墨守"。"墨守"的词义后来发生变化，成了"守旧"的意思。墨守成规用来形容思想保守，固守老规矩，不肯改变。墨守，固守；成规，现成的或久已通行的规则。

成语造句

在音乐创作上，他一直勇于创新，绝不墨守成规。

成语出处

《墨子·公输》

注 释
楚惠王：战国时期楚国君王，熊氏，名章。楚惠王是楚国在位时间最长的君王。他在位期间，楚国的疆域不断扩大，国力大为增强。

浇 瓜 之 惠

　　梁国的边境兵营和楚国的边境兵营都种了瓜。梁国的士兵非常勤劳，每天都灌溉他们的瓜田，所以瓜长得很好。楚国的士兵懒惰，很少去浇灌他们的瓜田，所以瓜长得不好。

　　楚国县令看到这种情景，很不高兴，责怪士兵没有把瓜种好。楚国士兵心生嫉恨，趁着夜色，偷偷溜出边境，去破坏梁国的瓜地，导致很多瓜都烂在田里了。梁国士兵发现后，请求梁国县令准许他们前去报复楚国。梁国的县令宋就说："唉！这怎么行呢？两国结下仇怨，就是惹祸的根苗呀。人家使坏，你们也跟着使坏，心胸怎么如此狭小呢！按我的办法去处理这件事吧，你们每晚都派人过去，偷偷地浇灌好楚国的瓜田，但不要让他们发现。"

于是，每到夜晚，梁国士兵都会偷偷地去浇灌楚国的瓜园。楚国士兵早晨去瓜田巡视，发现瓜田都已经浇过水了，瓜也一天比一天长得好了。后来，他们才知道，梁国士兵不仅没有记他们的仇，反而以德报怨，为他们种好瓜。楚国县令听说这件事后很感动，于是就把这件事报告给楚王，楚王听了之后，羞愧难当，于是让楚国县令拿着丰厚的礼物，前去向宋就表示歉意，还请求与梁王结好。后来，梁、楚两国交好，就是从这件事开始的。

成语解释

浇瓜之惠：比喻以德报怨，不因小事而引起纷争。

成语造句

他年纪虽轻，却能不计前嫌地报以浇瓜之惠，这种以德报怨的做法令人钦佩。

成语出处

《新序·杂事四》

21

毛 遂 自 荐

　　战国时期，秦国军队攻打赵国，包围了赵国都城邯郸。赵国的形势十分危急。赵王派遣平原君到楚国去请求援兵。平原君要在众多的门客中挑选 20 个有勇有谋、文武双全的人一同前往，以壮声势。他左挑右选也只选了 19 个人，就再没有看得中的人了。正在平原君着急之时，有个叫毛遂的人走上前来，自我推荐说："我愿意去，希望您就拿我凑个数吧。"

　　平原君用怀疑的眼光看着他，说道："有才能的贤士就像锥子放在口袋里一样，它的锋尖会立即刺破口袋而显露出来。先生来我的门下已经有三年了，我都还不知道先生有什么专长，先生还是留在家里吧。"

毛遂继续争取说："今天就请求您把我放在'口袋'里吧。如果您以前早点把我放在口袋里，那么整个锥锋都会显露出来的，何止露一点锋尖呢？"平原君认为毛遂的话有几分道理，最终还是同意了。

平原君带领一行人日夜兼程地赶到楚国，见到了楚考烈王。平原君向楚考烈王反复陈述合纵抗秦的利害关系，请求楚国联合多个诸侯国共同抗衡强大的秦国。由于楚考烈王无心出兵救援赵国，谈判从早晨持续到中午，也没有谈出什么结果。

这时候，毛遂紧握剑柄，沿着宫殿的台阶跑上去，直接进入宫殿。楚考烈王见毛遂擅自进入宫殿，很不高兴，当着平原君的面呵斥他。毛遂按着剑上前一步说道："你之所以能够呵斥我，就是倚仗楚国的兵多势众。但现在在十步以内的地方，你不能倚仗楚国兵多。你的性命，就握在我的手里。"看到楚考烈王在自己的威逼之下，没有了刚才的威势，毛遂又继续说："楚国兵力强大，可是却让秦国连连攻城略地，这是奇耻大辱啊！楚国理应联合赵国，共同抗秦，一雪前耻。"楚王终于被说服了，同意合纵抗秦，并与平原君歃血为盟，出兵救赵，解除了邯郸之围。

成语解释

毛遂自荐：比喻自告奋勇，自己推荐自己担任某项工作。

脱颖而出：原指锥子的尖端透过布袋显露出来。比喻人的才能和本领全部显露出来。颖，物体的尖端。

成语造句

他毛遂自荐，当上了班长。

成语出处

《史记·平原君虞卿列传》

注 释
楚考烈王：战国时期楚国君王，熊氏，名完。

第三单元　楚国名人成语故事

22

趾 高 气 扬

　　屈瑕是春秋时期楚国著名的军事将领，此人足智多谋，但却是一个容易骄傲自满的人。楚武王派他率兵攻打绞国，他采用伪装的计谋引诱绞军出城，大败绞军，迫使绞国与楚国签订了城下之盟。屈瑕因此一战成名，得到了楚王和朝臣的夸赞，这也让他骄傲自大起来了。

　　第二年，武王又派他带兵攻打弱小的罗国。出征前，楚武王为出征的将士举行了送行的仪式。大夫斗伯比在参加送行仪式回来的路上，忍不住摇头自语道："这下不好了，屈瑕一定会失败的。"

　　斗伯比的车夫听到后疑惑不解，问道："屈将军打仗那么厉害，怎么会失败呢?"斗伯比继续说道:"你今天没看到吗?他走路的时候趾高气扬,脚抬得高高的,仰着头用鼻孔看人,完全没有把敌人当一回事儿,心中早已失去了对敌人的戒备。"

斗伯比进宫面见楚武王,请求给屈瑕加派援军。楚武王觉得斗伯比的这个请求也太莫名其妙了,罗国是个小国,屈瑕又是常胜将军,有什么理由增援?何况楚军已经全数出征,还能增什么兵?于是拒绝了斗伯比的建议。

在出征途中,屈瑕在军中下了命令说:"谁敢来向我提意见,就是怀疑我的能力,通通以军法处置!"将士们都不敢吭声了,但大家心里都明白,屈瑕已经被以前的胜利冲昏了头脑,整个部队里军心大乱,就像一盘散沙。这一仗,由于屈瑕战前未作任何部署,准备不充分,而导致楚国军队大败。屈瑕自觉有愧于楚武王的信任,在荒野上吊自杀了。

成语解释

趾高气扬:走路时脚抬得很高,神气十足。形容骄傲自满,傲视别人,得意忘形的样子。

成语造句

对别人趾高气扬的人很难有真正的朋友。

成语出处

《左传·桓公十三年》

注 释
斗伯比:春秋时期楚国大夫,斗氏,名伯比。

和 氏 之 璧

　　楚人卞和在荆山中得到一块璞玉。璞玉是没有经过加工琢磨的玉原石，从外表看，跟石头没有多大区别，普通人难以鉴别。

　　卞和捧着这块璞玉，看了又看，瞧了又瞧，反复抚摸，爱不释手。他觉得这璞玉是稀世珍宝，想要敬献给楚王，希望这块璞玉能给楚国带来吉祥，也给自己带来好运。

　　第二天，他小心谨慎地捧着璞玉来到楚国都城，恭恭敬敬地献给楚厉王。楚厉王把璞玉拿在手里仔细查看，不敢轻易下结论。于是叫来玉匠进行鉴别。玉匠拿着璞玉仔细端详，上下左右翻来覆去地查看了几遍，然后下结论说："这就是一块普通的石头呀！"楚厉王大怒，认为卞和欺骗了他，就治卞和的罪，砍掉了他的左脚。

楚厉王死了以后，楚武王继承了王位。卞和又捧着那块璞玉敬献给楚武王。楚武王依然让玉匠进行鉴定。玉匠鉴定的结论仍然是一块普通的石头。楚武王也认为卞和是个骗子，又治他的罪，砍掉了他的右脚。

楚武王死了以后，楚文王继承了王位。卞和手捧璞玉，看看自己失去双脚的残腿，内心煎熬着，他为自己这块美好的璞玉而惋惜，没有再向新的楚王敬献。此后，他每天都抱着璞玉在荆山脚下痛哭流涕。哭了几天几夜，眼泪都流干了，连血也哭出来了。楚文王听到这事，便派人去问卞和："天下因犯罪而被砍掉双脚的人太多了，为什么唯独你哭得这样伤心呢？"

卞和回答说："我的确很伤心，不过，我不是因为自己的双脚被砍掉了而伤心，而是因为一块真正的宝玉竟然被说成石头，忠贞正直诚实的人被当成骗子，这才是我最伤心的原因啊！"

楚文王便叫玉匠认真加工琢磨这块璞玉，发现果然是一块稀世罕见的宝玉。卞和这种坚定执着的精神，深深地感动了楚文王，于是楚文王把它命名为"和氏之璧"。

成语解释

和氏之璧：指世上罕有的珍宝，也比喻难得的人才。和氏，春秋时楚人卞和；璧，扁平、圆形、中心有孔的玉。

成语造句

他是难得的人才，堪比和氏之璧。

成语出处

《韩非子·和氏》

注 释

卞和：春秋时楚国人。他在荆山发现了一块玉璞，由这块玉璞制作成的玉璧被称为"和氏之璧"。

24

毁 家 纾 难

　　楚成王刚即位时，年龄还很小，不能独立理政，朝政由他的叔叔令尹子元把持。子元大兴土木，修建豪华馆舍，成天歌舞升平。不仅如此，他还想篡夺王位，擅自住进了王宫。子元的所作所为引起了公愤，忠于楚王室的贵族一气之下，杀死了他。

　　平定子元之乱后，斗子文临危受命，出任令尹。他在清查国库账目时发现，此时国家储备钱粮已被耗费一空，极度困难，难以为继。斗子文于是变卖了自己的家财，全部捐献出来，救济贫苦百姓，缓解国家危难。

斗子文把家产捐献给国家后，他自己的家却陷入了贫困，常常吃了上顿没有下顿。他自己饿得面有饥色，连妻子儿女也跟着一起挨饿。楚成王知道后非常痛心，每次在斗子文上朝完毕要回家时，就让人拿一些干肉、干粮送给他，以改善他的生活，但斗子文都推辞不肯接受。有人对斗子文说："你为什么为了国家和百姓，而使自己陷入贫困之中呢?"斗子文说："当官执政，就是为了保民平安。如果老百姓生活在贫困之中，而我却追求富足，那就是剥削百姓来满足自己的奢欲，我是不会这样做的。"

斗子文不仅为官清正廉洁，在执法时还能做到不徇私情。有一次，他的族人犯了法，被刑狱官拘捕起来。刑狱官在提审犯人时，当知道此人是斗子文的族人后，立马将他释放了。斗子文知道后，对刑狱官说："你违背法律而释放犯人，这是心怀不公。"子文还把犯罪的族人亲自押送到刑狱官的面前，表示如果不依法惩罚犯罪的族人，他宁愿去死。最后，刑狱官依法把他犯罪的族人斩杀了。楚国百姓作了一首诗传颂子文的事迹："子文之族，犯国法程；廷理释之，子文不听；恤顾怨萌，方正公平。"诗中盛赞斗子文是执法正直公平的好令尹。

成语解释

毁家纾难：捐献家产帮助国家缓解困难。毁，减少；纾，缓和，解除。

成语造句

爱国志士们毁家纾难的精神，深深地鼓舞着人民的斗志。

成语出处

《左传·庄公三十年》

> **注 释**
>
> 令尹：楚国最高执政官，相当于宰相。
>
> 斗子文：春秋时期楚国令尹，斗氏，名谷於菟，字子文。楚人称"乳"为"谷"，称"虎"为"於菟"。斗子文出生后被弃于荒野，被老虎乳养过，故得名"斗谷於菟"。斗子文是楚国历史上著名的政治家。

蹊 田 夺 牛

  春秋时期，陈灵公荒淫无道，被大夫夏征舒杀了。楚庄王借此发兵攻打陈国，杀了夏征舒，还吞并了陈国，将陈国设为楚国的陈县。

  楚国朝臣纷纷进宫贺喜，夸赞楚庄王有开疆拓土之功。大夫申叔时出使齐国刚回郢都，就听说了这件事。申叔时进宫后，只向楚庄王禀告了出使齐国的情况，并没有为楚国新增陈县道贺，转身就要离开。楚庄王十分生气，问道："夏征舒无道，杀了他的国君，寡人率军讨伐陈国，杀了无道之人，伸张了正义。不仅如此，还为我楚国新增了国土。这是一举两得的事，人人都庆贺寡人，唯独你不庆贺，是什么缘故？"

申叔时并不赞同楚庄王兼并陈国，见楚庄王为吞并他国找借口，于是理直气壮地说："夏征舒杀了他的国君，他的罪恶太大了。讨伐并杀了他，这是君王您的大义。但不知道大王听说过'蹊田夺牛'的故事没有？有个放牛的人没有看管好自己的牛，让牛践踏了别人家的田地。被践踏田地的那家人，便把牛捉住，将其归自己所有了。放牛的人确实有过错，但夺走他的牛，这惩罚就太重了吧？现在您以正义之名，把陈国设置为楚国的县，就是贪图它的土地，只怕在道理上说不通吧？"

楚庄王听了申叔时的一席话后，觉得他说得很有道理，连忙说："对呀，你说得有道理，我这就恢复陈国。"

成语解释

蹊田夺牛：种田的人因别人的牛践踏了自己的田地，而把牛占为己有。后以"蹊田夺牛"指罪轻罚重，从中谋利。蹊，践踏；夺，强取。

成语造句

他只是做错了一件小事，但你却这样对待他，无异于蹊田夺牛啊。

成语出处

《左传·宣公十一年》

注释
申叔时：春秋时期楚国大夫，申氏，名叔时。以学识和品德见称于世，时人称之为"贤大夫"。

26

名 列 前 茅

　　春秋时期，晋国和楚国的争战非常激烈，夹在晋、楚两个大国之间的郑国处境十分危险，随时有被吞并的可能。

　　有一年，楚军攻打郑国，郑国赶紧向晋国求援。晋国派大将荀林父率兵出发，救援郑国。晋军还没到黄河边，就传来了郑国已经向楚国投降的消息。楚军在接受郑国投降后，渡过黄河撤回国了。

　　荀林父召集将领们商议对策，说："郑国已经投降楚国了，楚军也撤走了，我们再去追赶楚军已毫无意义，不如撤回去算了。"中军副将先縠不赞成这个意见，认为应该立即渡过黄河，去追击楚军。上军统帅士会仔细分析了晋楚两军的形势，他认为晋军退兵回国是正确的。

士会说："指挥作战的首要原则是善于观察时机，只有抓住敌人的疏漏发动攻击，才能取得胜利。如今楚国的德行、政令、典章、礼仪都没有违背常规，所以我们很难打败他们。楚王如今任用贤才，整顿军队。军队训练有素，很有秩序。军队出征时，右军保护兵车前进，左军负责运输粮草，前锋负责侦察敌情，发现敌情就举起茅草旗作为信号，中军负责制定权谋，以精兵部队殿后。楚王治国也是如此，各方面都做得很好，无一遗漏。以楚国现在的情形，是不适合与它敌对的。您何必一定要与楚国争锋呢？"

中军副将先縠不听荀林父的指挥，一意孤行，率领自己的军队渡过黄河，去进攻楚军。荀林父无奈之下只得率军渡河，结果晋国军队遭到惨败。

成语解释

名列前茅：原指楚国军队行军时，前哨如遇敌情，则举茅草发出警报。后来用以指名次排在前面，形容成绩优异。

成语造句

你学习成绩优异，名列前茅，是同学们学习的榜样。

成语出处

《左传·宣公十二年》

27

共 商 国 是

　　楚庄王整天思虑治国方略，废寝忘食，夙兴夜寐。有一次，楚庄王与令尹孙叔敖讨论治国之策，他说："虽然楚国日益强大起来了，但我到现在还是没有找到治理国家的正道啊。"孙叔敖说："国家的发展大计，恐怕不是君王你一人能决定的。一个国家，如果君臣不合，就无法决定国家的大政方针。历史上夏桀、商纣王的亡国，都是因为他们只按自己的想法行事，而听不进反对自己的意见，最后导致了亡国。"

　　楚庄王问道："国家治理不好，难道都是国君的责任吗？辅佐国君的大臣就没有责任吗?"孙叔敖回答道:"如果国君骄慢地对待大臣,认为大臣不依靠国君就不能富贵;大臣也骄慢地对待国君,认为国君没有大臣的辅佐,国家就不能长治久安。长此以往,君臣不能共同为国家前途尽心尽力,那么国家大事就没有办法处理了,就会导致国家灭亡。"

楚庄王听了孙叔敖的话,连连称赞说:"你说得真好啊。我怎么敢因为器量小而骄慢地对待大臣呢!我要与众大臣共商国是,一起决定国家发展大计。"

成语解释

共商国是:共同商量国家的政策和方针。国是,国家的大政方针。

成语造句

在全国政协会议上,国家领导人与政协委员们亲切交流、共商国是。

成语出处

《新序·杂事二》

优 孟 马 谏

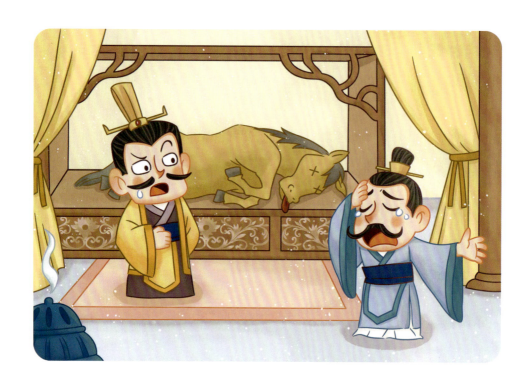

楚庄王特别喜爱一匹马，让人把它当宝贝一样服侍，给马穿上锦绣衣服，把它安置在华丽的房子里，让它睡在没有帷帐的床上，还经常拿枣脯喂养它。久而久之，马由于吃得太好，得肥胖病死了。楚庄王令朝中大臣为马办理丧事，要求做一口上好的棺材，按大夫一级葬礼的规格来安葬它。大臣们认为庄王的做法不妥，纷纷进谏。庄王下令说："如有胆敢为葬马的事来进谏的，罪当处死。"

优孟是一位在宫廷从事滑稽杂耍表演的艺人，常以幽默诙谐的方式劝谏楚庄王，深受庄王喜爱。优孟听说庄王葬马的事后，就走进宫殿大门，仰天大哭。

庄王很是吃惊，问道："你为什么要大哭啊?"优孟说："马是大王的心爱之物，在堂堂的大楚国，有什么要求办不到呢? 大王却用大夫的葬礼来安葬它，太薄待它了，请按君王的礼仪来安葬它。"

庄王问："按你的想法，该怎么办呢?"优孟回答说："我请求您用雕花的美玉做棺材，用纹理秀丽的梓木做外椁。您要派遣士兵挖掘墓穴，还要让楚国的老人和孩子背土筑坟。您还要为爱马建一座祠庙，用隆重的大礼来祭祀它。这样，其他诸侯国听说了后，就都知道大王把人看得很低贱，却把马看得很贵重了。"

听了优孟的话，庄王知道自己做错了事。他又问道："我的过失竟然到了这种地步吗! 那该怎么办呢?"优孟说："如果您改变了主意的话，那请您用对待六畜的方法来埋葬它，用土灶做外椁，用铜锅作棺材，拿姜枣调味，再加进一些香料，用稻米作祭品，以火光作衣服，把它埋葬到人们的肠胃中去吧!"于是庄王就派人把马交给了主管膳食的官员。

成语解释

优孟马谏：指以讽刺的手法进谏君王，制止昏暴。

成语造句

优孟马谏的故事，给后人以深刻的启示。

成语出处

《史记·滑稽列传》

> 注 释
> 优孟：春秋时期楚国宫廷艺人，名孟。古代称以乐舞、戏剧表演为职业的人为"优人"。

优 孟 衣 冠

　　孙叔敖是楚庄王时期楚国的令尹。他一生清正廉洁，楚庄王屡次要赏赐他，他都坚辞不受。临终前，孙叔敖告诫他的儿子说："我一生没有给你留下什么家业，你以后生活会过得非常贫困。要是实在过不下去了，你就进宫去找一个叫优孟的人，他会帮你渡过难关的。"

　　有一次，优孟在郢都城里见到了孙叔敖的儿子，见他出城打柴回来，背着一捆重重的木柴。优孟这才知道，孙叔敖的家人生活贫困，处境很不好。

优孟回家后，天天在家里穿上孙叔敖生前喜欢穿的衣服，模仿他的言谈举止，直到把孙叔敖模仿得非常相像了，仿佛孙叔敖在世一样，以至于熟悉孙叔敖的人都很难辨明真假。有一次在为楚庄王祝寿的宴会上，优孟穿着孙叔敖的衣服上前为楚庄王进酒，楚庄王大吃一惊，以为是自己的爱臣孙叔敖死而复生了。楚庄王问道："你为何要扮演已故的老臣孙叔敖呢？"优孟回答说："孙叔敖担任令尹，尽忠尽职，一生清廉，帮助大王治理楚国，使大王成就了霸主的美名，而他死后，他的家人竟无立锥之地，贫困度日。大王难道不应该反思一下自己有什么做得不对的吗？"接着优孟又唱了一首歌，诉说孙叔敖生前的清廉和死后家人的清贫情景。楚庄王听后大为感动，为自己没有照顾好孙叔敖的家人深感歉意，还传旨封赏了孙叔敖的儿子。

成语解释

优孟衣冠：比喻假扮古人或模仿他人，也指登场演戏。

成语造句

他学着老师的动作，一招一式地比划着，如同优孟衣冠一样，有模有样。

成语出处

《史记·滑稽列传》

注释

孙叔敖：春秋时期楚国令尹，蔿氏，名敖，字孙叔。为官奉公守法，廉洁自律，辅佐楚庄王治理国家，政绩卓著。

南冠楚囚

　　楚、郑两国交兵，郑国活捉了楚国人钟仪，并把他献给了晋国。晋国人把钟仪囚禁在一座仓库里，整整拘禁了三年。

　　有一天，晋景公来到这个仓库视察，看见钟仪头上仍然戴着南方楚国人常戴的帽子，便问："戴南方帽子的那个囚犯是谁?"他身边的人回答说："他是楚国人，是郑国人献来的俘虏。"

　　晋景公把钟仪叫过来，问他的家族是做什么的。钟仪回答说："祖上是管音乐演奏的官吏。"晋景公又问："你懂音乐吗?"钟仪回答说："演奏音乐是我们家族世代相袭的职业，我怎么敢忘掉呢?"晋景公就让人拿来一张琴，要钟仪弹奏。钟仪弹奏了一支曲子，晋景公一听就知道，他演奏的是楚国的音乐。

接着，晋景公要钟仪讲一讲楚国国君的情况，钟仪不肯回答。在晋景公的一再坚持下，钟仪回答说："我国的君王做太子的时候，每天早晚都要去向朝中的元老大臣子重和子文请教。其余的我就不知道了。"

事后，晋景公把这件事告诉了晋国大夫范文子。范文子说："这个楚囚是一个真君子。他说到祖先的职业，这是不忘根本；他弹琴能奏出楚国乐曲，这是不忘故国；说到楚国的国君，只提他做太子时候的事，没有一点夸饰；说到楚国的大臣，他直呼其名，这是表示对您的尊重。"

后来，晋景公设宴款待钟仪，放他回楚国，并让他成了晋楚两国的和平使者。

成语解释

南冠楚囚：本指被俘的楚国囚犯，用以比喻人在身处困境时，仍然不忘故土。楚国在南方，故将楚冠称为"南冠"。

成语造句

钟仪虽已是南冠楚囚，但他仍然深情地思念着故土。

成语出处

《左传·成公九年》

注 释
钟仪：春秋时期楚国乐官，钟氏，名仪。被郑国俘虏后献给晋国，仍然演奏楚国音乐，始终不忘故国。

楚 囊 之 情

子囊是楚庄王之子，他在楚共王时担任令尹，为楚国鞠躬尽瘁，勤勤恳恳，竭尽心力。在楚国与晋国的对抗中，他深感楚、晋两国力量不相上下，因此极力主张楚国要避开晋国的锋芒。在他的坚持下，楚国不急于与晋国争战，从而保存了实力。

后来，楚国又与吴国开战。开战前，子囊得到军情报告，楚军的兵力比吴军少，寡不敌众，没有取胜的把握。子囊说："在敌众我寡的情况下，如果我们贸然出击，必定会被吴国打败，这样做不仅有辱国君，还要损失国土，这是一个忠臣不忍心做的事。"他没有向楚王请示，便下令让楚军撤兵了。

子囊率领楚军回到楚国郢都城外，看到多年没有修缮的城垣残破不堪，便对身边的将领说："楚国北面有来自晋国的威胁，东面有来自吴国的威胁，危在旦夕，不可不加强防备。我死后，你们一定要加固郢都的城垣，确保国都的安全。"

接着，子囊派人进城向楚王复命："我违抗军令，擅自下令撤兵，请求大王赐我死罪。"楚王让来人带话给子囊，说："你虽然有临阵逃离之罪，但你这样做，也是为了不使楚国军队受到损失，算是做了一个对国家有利的决定。我决定赦免你的死罪。"

子囊望着王宫的方向，说："如果临阵逃跑的人没有罪过，那么以后的人都会仿效我，以战事不利为借口逃跑。如果都像我这样，那么楚国终有一天会成为天下的弱国的。我还是请求赐死。"说完，子囊后退了几步，拔出身上的佩剑，刎颈自尽了。楚王知道后，痛心地说："子囊真是楚国的忠臣啊！"

成语解释

楚囊之情：指子囊忠心报国，为保卫江山社稷宁愿赴死。后来用以比喻爱国之情。

成语造句

文天祥对南宋始终抱有楚囊之情，不为元人任何的威逼利诱所动摇。

成语出处

《说苑·立节》

注 释

子囊：春秋时期楚国令尹，熊氏，名贞，字子囊。

生 死 肉 骨

　　春秋时期，楚国出现了豢养宠臣之风。宠臣依附于君王和大臣，扰乱朝政，贪污腐败，引起国人的不满。到楚康王时，这种状况已到了十分严重的地步。令尹子南的宠臣观起犯下了侵吞巨额财产的罪行，楚康王把这两人都杀了，以儆效尤。

　　楚康王任命蒍子冯出任令尹。有一天，蒍子冯上朝时，想去和大臣申叔豫打个招呼，但申叔豫不但没有理他，反而远远地躲开他。蒍子冯于是跟随申叔豫走，申叔豫就往人群中走；蒍子冯继续跟随，申叔豫就直接回家了。

　　蔿子冯为了弄清楚申叔豫为什么不搭理他，亲自驾车登门拜访。蔿子冯问："您在朝廷上三次让我受窘，一定是我有什么过错，请您告诉我，您为什么这样讨厌我？"申叔豫回答说："从前，令尹子南的宠臣观起犯了罪，楚王把他们两人都杀了。你看看你的手下，居然有八个宠臣，个个都犯有贪污的罪行，你难道不害怕楚王杀了你们吗？我远离你，是害怕连累我自己啊！"

　　听了申叔豫的话，蔿子冯吓出了一身冷汗。在驾车回家的路上，因为心神不宁，马车时左时右，不能正常行驶在车道上。回到家里，他对手下的八个宠臣说："我刚才去见了申叔豫，他这个人才真正是传说中的那个能'生死而肉骨'的人啊，就是一个能让死者死而复生，能使白骨长出肉来的人啊！"

　　蔿子冯接着对这些人说："你们如果觉得自己是像申叔豫一样的人，就可以留下。不然，就请离开吧。"他让八个宠臣上缴了自己的不义之财，连夜离开了楚国。

成语解释

生死肉骨：使死人复生，使白骨长肉。形容恩情深厚，受惠极大。

成语造句

他在我人生跌入低谷的时候，给了我生活的勇气，对我有生死肉骨之恩。

成语出处

《左传·襄公二十二年》

注　释

楚康王：春秋时期楚国君王，熊氏，名昭。
蔿子冯：春秋时期楚国令尹，蔿氏，名子冯。

班 荆 道 故

　　楚国大夫伍举和蔡国大夫声子是好朋友。伍举娶了申公王子牟的女儿为妻，后来王子牟因事犯罪逃离了楚国。楚国有人就说："一定是伍举护送王子牟出逃的。"伍举被人冤枉了，却有口难辩。他因为担心楚王不分青红皂白地认定自己是有罪之人，于是逃奔到了郑国，准备一路逃往晋国。

　　蔡声子正要去晋国，在郑国郊外遇到了伍举。两个老朋友在异国他乡相遇，如同久不相遇的亲人一样，在路边扯了几把荆草铺在地上，一边吃着干粮，一边亲切地交谈起来。交谈之中，蔡声子知道了伍举的遭遇，十分同情他，问道："你想回到楚国去吗？"伍举说："如果能使我的尸骨回到楚国，我死了也甘心啊！"蔡声子劝慰道："你就放心在晋国住一段时间吧，我一定会想办法让你回到楚国的。"

蔡声子到晋国办完事后，又来到楚国，见到了楚国令尹子木。蔡声子说："楚国的人才都到了晋国，这对楚国十分危险啊！"接着又说："伍举的岳父因犯罪而逃亡了，楚国的人都指责伍举，伍举因害怕被冤枉而逃往晋国，但仍伸长脖子望着南方说：'楚王也许能赦免我！'但是你们根本不考虑。现在晋国人要重用他，赏给他封邑。他如果替晋国出谋划策，就会直接危害楚国，岂不成了楚国的祸患吗？"子木听了蔡声子的一番劝说后，最终说服楚王，迎请伍举回到了楚国。

成语解释

班荆道故：把荆条铺在地上，坐下来谈过去的事情，指好友相逢。班，铺开；道，叙说。形容朋友在途中相遇，互叙旧情。

成语造句

在他乡遇故知，班荆道故是一件令人高兴的事情。

成语出处

《左传·襄公二十六年》

> **注 释**
> 伍举：春秋时期楚国大夫，伍氏，名举。曾劝谏楚灵王不要大兴土木，劳民伤财，要以老百姓安宁为乐。

秦 庭 之 哭

　　楚平王杀了伍子胥的父亲和哥哥，伍子胥发誓要报仇雪恨。在逃往吴国的途中，伍子胥遇到好朋友申包胥，诉说了自己的遭遇。伍子胥说："父母之仇，不共戴天，我一定要到吴国借兵，扫荡楚国的污秽，以报父兄之仇。"申包胥说："我无法说服你。但我也要告诉你，你如果借别国军队占领楚国，我一定会把别国军队赶出楚国。"

　　伍子胥来到吴国，说服吴王攻打楚国，率领吴军占领了楚国的都城郢都。此时，楚平王已死，继承王位的是他的儿子楚昭王。吴师入郢时，楚昭王带领群臣逃离了郢都。

　　申包胥眼见郢都沦陷，十分痛心，他下定决心，一定要赶跑吴军，恢复国都。申包胥清楚地知道，凭借楚国的军力，是不能赶跑吴军的，唯一的办法就是请求秦国出兵援助。

申包胥只身前往秦国求救。他见了秦哀公后，竭力陈述楚国危急的情况，以及吴国的横暴无理。申包胥说，一旦吴国消灭楚国后，国力会更加强大，到时就会发动更大范围的侵略战争，秦国也会自身不保。可是，无论申包胥怎么说，秦哀公就是不愿出兵。他敷衍申包胥说："你一路辛苦了，先休息吧，然后再谈国事。"申包胥不肯退出秦王大殿，继续请求。秦哀公先是一味敷衍，后来就索性不再理他了。

申包胥于是在秦国的朝堂上终日啼哭，日夜不绝。一连哭了七天七夜，眼睛都哭得流血了，最终不省人事，晕了过去。秦哀公被申包胥的忠君爱国之情感动了，这才答应出兵救楚。

后来，楚国在秦国的帮助下，赶跑了吴军，收回了全部的失地，逐渐恢复了强国的地位。

成语解释

秦庭之哭：原指在秦国朝廷哀哭。后泛指向别国乞求援兵，也指哀求别人救助。

成语造句

当年内战危急时，他跑到国外作秦庭之哭，却没要到一兵一卒。

成语出处

《左传·定公四年》

> **注 释**
> 楚平王：春秋时期楚国国君，熊氏，名弃疾。平王在位时，楚国内政昏乱，国力渐衰。
> 申包胥：春秋时期楚国大夫，申氏，名包胥。

高山流水

　　春秋时，楚国有个叫伯牙的人，他精通音律，琴艺高超，是当时著名的琴师。他的好朋友钟子期则善于听出他琴声中的深意。

　　一次，伯牙弹起一支曲子，心里想到高山巍峨。钟子期听到琴声抑扬顿挫、刚劲有力，就说："好啊！这一曲气势磅礴，就像泰山一样巍峨挺拔。"伯牙又弹起另一支曲子，心里想到流水潺潺。钟子期听到琴声舒缓自如，流畅明快，就赞叹道："妙啊！这一曲浩浩荡荡，就像江水奔流不息！"伯牙每次弹琴，钟子期都能从琴声中领会到伯牙所想。

又有一天，伯牙与钟子期到泰山之北游玩，遇上了一场暴雨，他们只好跑到山岩下面避雨，伯牙便拿出琴来弹奏。开始时，弹的是山风阵阵，大雨淋漓；然后表现风声更紧，暴雨如注；最后弹出山崩石裂，惊天动地……每奏一曲，钟子期便用准确的语言将乐曲的意境一一描绘出来。伯牙感慨万分："你对琴声的理解力实在太奇妙了！对曲子的描绘与我的心思完全一致，我无论有什么心思都逃不过你的耳朵。你真是一个难得的知音啊！"

后来，钟子期死了，伯牙于是就拉断了琴弦，摔碎了琴。他说："知音都没有了，我还弹什么琴呢？"从此他终生不再鼓琴。

成语解释

高山流水：比喻知己或知音，也比喻乐曲高妙。

成语造句

这种高山流水之乐，真是人间难得几回闻。

成语出处

《列子·汤问》

注　释
伯牙：春秋时期楚国人，精通琴艺，伯氏，名牙。
钟子期：春秋时期楚国隐士，以砍柴为生。他精通音律，善于听音识曲。

尺短寸长

　　楚国爱国诗人屈原曾多次向楚王进谏，希望楚王励精图治，亲近贤臣，远离小人。但是昏庸的楚王不仅不接受他的劝告，反而听信谗言，把他流放到外地。屈原被流放三年以后，依旧不能见到楚王。他心烦意乱，不知何去何从。

　　于是，屈原前去拜见太卜郑詹尹，对他说："我心中感到困惑，想请教先生解答。"郑詹尹摆正蓍草，拂去龟壳上的灰尘，问："先生您有什么疑惑呢？"

　　屈原说："我是应当做一个勤勤恳恳、忠厚朴实的人呢？还是做一个终日迎来送往、阿谀奉承的人呢？我是应当像老农一样除草垦荒、尽力耕耘呢？还是应当去游说王侯将相猎取功名呢？我是应当直言不讳、不顾身危进谏君王呢？还是随从世俗、寻求富贵、苟且偷生呢？我是应当廉洁正直、一尘不染呢？还是应当圆滑世故、自吹自擂、邀宠求荣呢？请你为我占卜，让神灵告诉我该如何去做。"

听了屈原的问话，郑詹尹放下蓍草，向屈原致歉说："您一定听说过'尺短寸长'这个词，意思是说：尺比寸长，也有它的不足；寸比尺短，也有它的长处。世间万物皆有不完善的地方，人的智慧也有想不明白的时候。占卜有难解的问题，神灵也有难以通达之处。请您按自己的心愿，照您的意志办事。我的龟壳和蓍草确实不能预知这些事。"

成语解释

尺短寸长：也写作"尺有所短，寸有所长"。比喻人或物各有长处，也各有短处。

成语造句

尺短寸长，我们每个同学都既有长处，又有短处。

成语出处

《楚辞·卜居》

注 释

屈原：战国时期楚国三闾大夫，屈氏，名平，字原。屈原是伟大的爱国诗人，著有《离骚》《天问》等辞赋作品传世。

第四单元　楚国寓言成语故事

37

螳螂捕蝉，黄雀在后

　　楚庄王萌生了出兵伐晋，争夺中原霸主的念头。他担心大臣们劝阻他，下达了"有敢进谏者，杀无赦"的命令。令尹孙叔敖认为楚国与晋国决战的时机还不成熟，没有取胜的把握，贸然出兵一定会酿成大错。于是，他不顾个人安危，入宫进谏。孙叔敖说："我听说，一个人如果因为害怕父亲的鞭笞，就不敢向父亲进言，那么他就不算是一个孝子；一个大臣如果害怕君王的刑罚，就不敢向君王进谏，那么他就不能算是一个忠臣。"为了让楚庄王能够更好地接受自己的意见，他没有直言楚国对晋国采取军事行动带来的危害，而是给楚庄王讲了一个故事。

孙叔敖说："在我家的庭园里有一棵榆树，树上有一只蝉。蝉停留在高高的树上一边放声地叫着一边吸饮着露水，却不知道有只螳螂在自己的身后；螳螂弯曲着身体贴在树上，想扑上去猎取蝉，但却不知道自己身后有只黄雀；黄雀伸长着脖子想要啄食螳螂，却不知道树下有个小孩举着弹弓要射杀它；这个小孩正要射杀黄雀，但却不知道自己的前面有一个深坑，身后有一个洞窟。"

孙叔敖接着说："这个故事讲的是只知道前面有利可图，而不知道身后祸患无穷的道理。大王发兵攻打晋国，是贪念晋国的土地而不考虑后果的行为。"楚庄王听了孙叔敖的话后，认为他讲得有道理，就放弃了攻打晋国的打算。

 **成语解释**

螳螂捕蝉，黄雀在后：螳螂想捕捉蝉，却不知潜在危险。比喻目光短浅，没有远见，也比喻有后顾之忧。

成语造句

他一心想占人便宜，却不知道也有人在盯着他，真是所谓"螳螂捕蝉，黄雀在后"啊！

成语出处

《韩诗外传》

38

叶公好龙

　　楚国有个贵族叫子高，因为他的封地在叶县，人们都称他为"叶公"。此人听说龙不仅可以保佑家产，还能保人平安，便对龙产生了浓厚的兴趣。为了让自己随时都能看到龙，他在自家的梁柱上、门窗上画上形态各异的龙的图案，有的地方还要用钩子和凿子精雕细刻龙的形象。走进他的家里，仿佛是走进了龙宫一样。

　　天上的龙知道人间有这样一个爱龙成癖的人，非常感动。龙心想："难得有人这么喜欢我，我得去他家里拜访拜访呀！"于是，龙腾云驾雾，从天而降，来到叶公家里。它把头伸进窗户里大喊道：

"叶公在家吗？你喜欢的龙来拜访你啦！"叶公抬头一看，果真有一条龙出现在他的面前，顿时吓得面如土色。他一边向外逃跑，一边大叫道："不好啦，救命啊，龙来啦！"龙感到非常奇怪，大惑不解地问："你不是喜欢龙吗？怎么看到了真龙又害怕啦？"叶公吓得直发抖，他哆哆嗦嗦地说："我只是喜欢画中的假龙，而不是你这条真龙呀！"说完，便逃得无影无踪了。

成语解释

叶公好龙：比喻口头上说爱好某事物，实际上并不是真的爱好。

成语造句

他喜欢小狗，但每次见到小狗，都挺害怕的，这真是叶公好龙啊！

成语出处

《新序·杂事五》

注释

子高：春秋时期楚国叶县县尹，沈氏，名诸梁，字子高。因率军入郢平定内乱，匡扶王室，功劳巨大，兼任楚国令尹、司马之职。

39

狐 假 虎 威

　　楚宣王听说北方各诸侯国都很害怕他的大臣昭奚恤。楚宣王便问群臣："果真是这样吗？"大臣们一个个面露难色，不好回答。这时候，有一位名叫江乙的大臣，向楚宣王讲了下面这段寓言故事：

　　老虎逮住了一只狐狸，正要吃掉它，狐狸却对老虎说："你不能吃我，天帝封我为百兽之王。如果你吃掉我，就是违抗天帝的命令！"老虎觉得很奇怪，不以为然。狐狸说："如果你认为我说的是假话，就跟在我的后边，去森林里转一圈，看看野兽们见了我有敢不逃跑的吗？"老虎觉得狐狸的话很有道理，就跟在狐狸后面，朝森林中走去。果然，林中的野兽看见它们都四散而逃。老虎不知道林中的野兽是因为害怕自己才躲开的，还以为是害怕狐狸呢！

讲完这个寓言故事，江乙接着说道："如今大王有土地方圆五千里，又有精兵百万，大王把这些全部交给了昭奚恤来统管，所以，与其说中原各诸侯国害怕昭奚恤，不如说是害怕大王的权势，这正如百兽真正怕的是老虎一样。"

成语解释

狐假虎威：原指狐狸利用老虎的威势吓跑其他野兽，用以比喻依仗别人的势力欺压人。假，借。

成语造句

小狗看到主人在身边，马上狐假虎威地对着大狗大叫起来。

成语出处

《战国策·楚策一》

> **注 释**
> 楚宣王：战国时期楚国君王，熊氏，名良夫，是一位善于纳谏、治国有方的明君。
> 昭奚恤：战国时期楚国令尹，昭氏，名奚恤。掌管楚国军政大权，在诸侯国中颇有威望。

40

亡羊补牢

　　楚国有一个名叫庄辛的大臣，看到楚国的朝政腐败，国家一天天衰落下去，便向楚襄王进谏说："您在宫中的时候，总有一些阿谀奉承您的人陪伴在您左右；您出宫的时候，总有一些贪图享乐的人跟随在您身后。您总和这样一些人在一起，也变得讲究吃喝玩乐了，这样下去，楚国就十分危险了。"

　　楚襄王听了，气呼呼地骂道："你老糊涂了吗？竟拿这样狠毒的话来诅咒楚国，扰乱人心！"

　　庄辛回答说："我不敢诅咒楚国，但是如果您继续宠幸这些佞臣，楚国必然走向灭亡。我现在请求大王让我到赵国去躲避一下，在那里静观楚国的变化。"

庄辛到赵国刚刚五个月，秦国就派兵攻打楚国，郢都沦陷，楚襄王被迫迁都阳城。这时，楚襄王想起庄辛的话，赶忙派人到赵国把庄辛请回来，问道，"事到如今，怎么办才好呢?"庄辛回答说："俗话说：见到兔子才想起猎犬，还不算晚；羊跑掉了才来修补羊圈，还不算迟。羊丢失了才去修补羊圈，也还来得及。现在大王只要重新振作起来，一定可以恢复楚国的国力的。"

接着，庄辛又向楚襄王讲了一番道理，楚襄王认为庄辛说的话很正确，便封他为阳陵君。不久，庄辛帮助楚国收复了淮北的土地。

成语解释

亡羊补牢：羊丢失了再去修补羊圈。比喻出了差错以后及时纠正。

成语造句

这次没考好，要找出原因吸取教训，亡羊补牢还为时不晚。

成语出处

《战国策·楚策四》

> **注 释**
> 庄辛：战国时期楚国贵族，庄氏，名辛。多次劝谏楚襄王要居安思危，励精图治，拯救濒临危亡的楚国。

41

画蛇添足

　　楚国有一个贵族，在祭祀祖先的仪式完毕后，将祭酒赏赐给他的几个仆人喝。其中一个仆人说："总共就这么一壶酒，如果大家一起喝，根本不够。如果让一个人喝，就能喝得很畅快。我们可以通过在地上比赛画蛇的办法来决定谁喝这壶酒。谁先画成，这壶酒就归谁。"仆人们觉得这是一个好办法，便各自在地上画起蛇来。

　　有个人画得最快，一转眼就画好了，他端起酒壶就准备喝酒。这时，他转头看看别人，见其他人都还没有画好呢。他洋洋得意地说："你们画得好慢啊！我再给蛇画几只脚也不算晚呢！"于是，他便左手持壶，右手执笔，给蛇画起脚来。

　　还没有等他把蛇脚画完，另一个仆人已经把蛇画好了。那个人马上从他的手里夺过酒壶说："蛇本来没有脚，你怎么能替它添上脚呢？所以第一个画好蛇的人不是你，而是我了！"说完，拿起酒壶咕咚咕咚地就把酒喝下肚了。那个替蛇添脚的人，只好懊恼地在一旁干瞪眼。

成语解释

　　画蛇添足：画蛇时给蛇添上脚。比喻做事多此一举，不但无益，反而有害。

成语造句

　　在写作文时，我们一定要详略得当，绝不能画蛇添足。

成语出处

　　《战国策·齐策二》

42

刻 舟 求 剑

　　楚国有个人坐船过江，船行至江心时，一不小心，将手中拿着的一把宝剑滑落到了水中。他赶紧伸手去抓，可惜为时已晚，宝剑已经沉入江底。船上的人都为他感到非常惋惜。

　　那个楚人似乎胸有成竹，一点儿也不担心。只见他掏出一把小刀，在船舷上刻上了一个记号，对大家说："这是宝剑落水的地方，我刻上一个记号后就可以找到我的剑了。"虽然大家都不理解他为什么要这样做，但也没有人去问他用什么方法找到他的剑。

　　船靠岸停稳后，那个楚人立即按照船边所刻的记号，跳进水里去捞取掉落的宝剑。他捞了半天，始终不见宝剑的影子。他觉得很奇怪，自言自语地说："我的宝剑不就是从这里掉下去的吗？我还在这里刻上了记号，现在怎么会找不到呢？"

船上的人看到他这样来寻找掉在水中的剑，先是感到莫名其妙，然后纷纷大笑起来，说道："船在河水中已走了很远了，而掉在水里的剑却留在河中没有移动。你这样去找剑，未免也太糊涂了吧！"

🔥 成语解释

刻舟求剑：比喻不懂事物已发展变化仍静止地看问题，也比喻拘泥固执，不知变通。

🔥 成语造句

时代在不断变化，我们做事不能刻舟求剑，要灵活变通。

🔥 成语出处

《吕氏春秋·察今》

43

自相矛盾

在冷兵器时代，矛和盾都是作战用的武器。矛用来刺杀敌人，盾用来保护自己的身体。

有一个楚国人，以卖兵器为生，他经常拿着矛和盾去街上卖。当好多人围上来观看时，他就举起他的盾，向大家夸口说："我的盾，是世上最坚固的，不管多么锋利尖锐的矛都不能刺穿它！"他的叫卖显然起了作用，街上越来越多的人跑过来看他的兵器，有的人还提出要买他的盾。

卖兵器的人受到鼓舞，他并不着急卖他的盾，而是拿起一支矛，又开始大言不惭地夸起来："我的矛，是世上最尖锐锋利的，不管多么坚硬的盾也经不住它一戳，马上就会被它刺穿！"

他一边不住地夸口，一边不停地舞动着他的矛，发出"呼呼"的响声，显出十分威武的样子。这样，围观的人越来越多，把他团团围住，挤得水泄不通。他更加得意了，吆喝起来更加卖力了："快来看哪，快来看哪，这里有世上最坚固的盾和最锋利的矛！"

这时，在围观的人群中，有一个人走上前去，先是拿起那支矛，接着又拿起那件盾，慢条斯理地对他说："用你的矛，刺你的盾，结果会怎么样？"

卖兵器的人被问得哑口无言，万分羞愧地拿着他的兵器走了。

成语解释

自相矛盾：比喻说话做事前后抵触。

成语造句

他说自己热爱学习，却一天到晚打游戏，真是自相矛盾。

成语出处

《韩非子·难一》

买椟还珠

　　楚国有一个商人采购了一些珍珠，打算运到郑国去卖。其中有一颗大珍珠十分珍贵。为了让这颗珍珠卖上好价钱，他特意聘请工匠为这颗珍珠精心制作了一个木盒子。这个盒子选用名贵香木制作，在盒子外面涂上漆，画上了美丽的花纹，还镶嵌了闪闪的玉珠。不仅如此，他还用香料将盒子熏得香气迷人。直到把这个盒子做得看上去光彩夺目，闻上去芬芳诱人，他才把那颗大珍珠放到盒子里。

　　楚国商人来到郑国后，在一条繁华的街市上售卖他的珍珠。没过多久，便有很多人围了过来。这些郑国人议论的焦点却都在盛放大珍珠的漆盒子上，有的说盒子的样式太新颖了，有的说盒子的装饰太奢华了。其中有个郑国人早就按捺不住了。他拿起盒子，仔细端详，被盒子漂亮的外观和扑鼻的香气迷住了。他毫不犹豫地给了一个很高的价钱，将盒子买了下来。郑国人交钱后，抱着盒子转身就走了。可是他没走几步，又折返回来了。

楚国商人还以为他想退货，哪料到这个郑国人竟然打开盒子，取出里面的珍珠递给商人说："刚才走得急，忘了把盒子里的珍珠还给你。"说完，抱着那个盒子高高兴兴地离开了。

楚国商人手里拿着还回来的珍珠，十分惊讶。他本以为郑国人喜欢的是他的大珍珠，没想到是那个装大珍珠的漆盒子。

成语解释

买椟还珠：买下装珍珠的木盒子，但却退还了珍珠。比喻没有眼力，取舍不当。椟，装物品的盒子。

成语造句

像这种买椟还珠、舍本逐末的事，他没有少做。

成语出处

《韩非子·外储说左上》

45

南 橘 北 枳

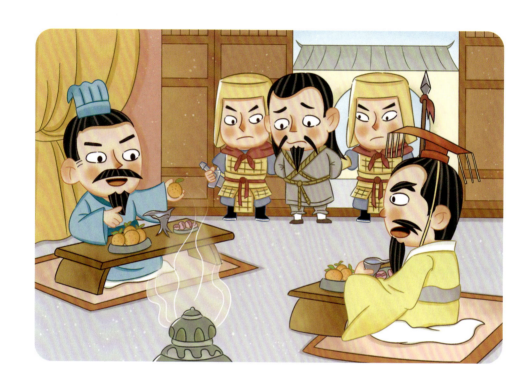

　　楚灵王听说晏子将要出使楚国，召集群臣问道："听说晏子是齐国口才最好的人，大家想想主意，看有什么办法可以羞辱晏子。"有一位大臣建议："在晏子来的时候，我们让公差捆绑一个小偷从大王面前走过，大王故意询问一番，就可羞辱晏子了。"楚灵王同意了这个主意。

　　晏子来到楚国后，楚灵王请晏子喝酒，喝得正高兴的时候，只见两名公差绑着一个人从他们面前经过。楚灵王问道："绑着的人是干什么的？"公差回答说："他是齐国人，犯了偷窃罪。"楚灵王得意地看着晏子问道："齐国人天生就爱偷东西吗?"

晏子站起身来，不慌不忙地说道："大王，我听说过这样一件事：橘树生长在淮河以南的地方就是橘树，生长在淮河以北的地方就是枳树，只是叶子相像罢了，果实的味道却不同。为什么会这样呢？是因为水土条件不相同啊。这个人在齐国不偷东西，一到了楚国就偷起来了，莫非楚国的水土使百姓喜欢偷东西吗?"楚灵王自我解嘲地笑着说："看来我们是不能和圣人开玩笑的，我反而自取其辱了。"

成语解释

南橘北枳：南方的橘树移植到淮河以北就会变成枳树。比喻同一事物因环境条件不同而发生变异，也比喻环境对人成长的重要性。

成语造句

对外国的成功经验不能生搬硬套，否则就会南橘北枳，达不到应有的效果。

成语出处

《晏子春秋·内篇杂下》

第五单元　楚国神话成语故事

精卫填海

相传，远古时代炎帝神农氏有一个小女儿叫女娃。女娃聪明伶俐，乖巧可爱，深得炎帝喜爱。

有一天，女娃趁父亲外出，独自一人驾着小船来到东海，向着太阳升起的地方划去。一阵狂风吹过，一个大浪打过来，小船被卷入大海，女娃也葬身其中。炎帝知道这个消息后，日日在东海边流泪。看着伤心的父亲，女娃也十分难过。她的魂魄化作一只美丽、勇敢的小鸟。由于她飞翔时口中发出"精卫、精卫"的悲鸣，人们称她为"精卫鸟"。

　　精卫鸟住在西方的发鸠山上，她对夺去自己年轻生命的大海无比怨恨，发誓一定要把这无情的大海填平。咆哮的东海嘲笑道："小鸟儿，算了吧，就算你填一千年，也别想能把大海填平！"飞翔在高空的精卫毫不犹豫地回答道："就是填一千万年、一万万年，干到世界末日，我也要将你填平，阻止你以后无情地夺去更多的年轻、无辜的生命。"

　　从此以后，她不分昼夜地从发鸠山衔来一粒粒小石子、一根根小树枝，穿越无数崇山峻岭，一直飞到东海。她在波涛汹涌的海面上盘旋着，不停地把石子或树枝投到海里，她发誓要把大海填平。就这样，一天又一天，一年又一年，精卫鸟不间断地飞翔着、投掷着……

成语解释

　　精卫填海：比喻不畏艰难，不达目的誓不罢休的决心。

成语造句

　　只要我们有了精卫填海、愚公移山的精神，无论什么困难都可以克服！

成语出处

　　《山海经·北山经》

夸父追日

　　在远古的时候，北方有个巨人部落。部落里的人身材高大，力大无穷。这个部落居住的地方日短夜长，一年中有很长一段时间都是漫漫长夜，因此，这里的人们非常向往光明。

　　有一天清早，太阳刚刚升起，可是很快又要落下了。部落中有个叫夸父的青年看太阳又要落山了，就对太阳说："太阳，你能慢一点儿落下去吗？让我们多一些时间劳作。"可是太阳像没听见一样，继续向西方落去。

　　夸父心想："既然太阳不肯停下来，那我就去追赶太阳，等追到太阳后，把太阳挂在部落的天空上，那这里就永远都是白天了！"夸父想到这儿，便提起一根手杖，迈开大步，一路去追赶太阳。

夸父的个子很高，步子迈得很大，眼看就要把太阳追上了。可太阳的温度太高了，离它越近，就越觉得口渴难耐。夸父感觉身体中的水分都快蒸发掉了，嗓子渴得像冒着烟一样难受，就到处找水喝。他来到黄河边，大口大口地喝起水来，直到把黄河水都喝干了，可还是不解渴。他又跑到渭河，把渭河里的水也喝干了，可还是觉得口渴。他想到北方的大泽去喝水，可是还没走到那里，就在半路上渴死了。

临死时，夸父用尽力气把手杖抛了出去，手杖落在远处，变成了一片桃林。茂盛的桃林结出了又多又大的桃子，供人们乘凉、解渴。

成语解释

夸父追日：比喻人有大志，做事坚定执着。

成语造句

拥有梦想，就拥有夸父追日的执着，就拥有水滴石穿的坚毅，就拥有飞蛾扑火的无畏。

成语出处

《山海经·海外北经》

羿 射 九 日

　　远古时期，天上有十个太阳，他们是东方天帝的孩子。因为每个太阳的中心是只鸟，他们就像小鸟那样栖息在东海边的一棵大树上，九个太阳栖息在长得较矮的树枝上，另一个太阳则栖息在高高的树梢上。当黎明来临时，栖息在树梢的太阳便坐着两轮车穿越天空。十个太阳每天一换，轮流穿越天空，给大地万物带来光明和温暖。

　　可是到了尧帝时代的某一天，当黎明来临时，十个太阳同时坐着两轮车穿越天空。十个太阳像十个火团炙烤着大地，森林着火了，河流、大海也干涸了，人们在太阳的烈焰里苦苦挣扎。

这时，有个叫羿的神箭手，看到人们生活在苦难中，便决心帮助人们脱离苦海。只见他仰身向着太阳，搭上神箭，飕的一箭射去，天空一团火球爆裂，流火乱飞，金羽四散，落在地上，原来是一只很大的金黄色三足乌，这是太阳的精魂的化身。羿一连射下了九个太阳，只留下一个太阳为人间带来光明和温暖。

自此以后，天空就只有一个太阳，每天按时从东方升起，到西方落下。在太阳的照耀下，万物焕发出勃勃生机。

成语解释

羿射九日：形容为民除害的英勇行为。

成语造句

我们要拿出羿射九日的勇气和精神，鼓起十足的干劲，克服眼前的困难。

成语出处

《楚辞·天问》

鲧 禹 治 水

尧帝在位时，洪水四溢。洪水所到之处，冲塌了房屋，冲毁了庄稼，淹死了牲畜，把平原陆地变成了汪洋大海。百姓们每日痛苦不堪，简直都活不下去了。

有一个名叫鲧的人，决心要把百姓从洪灾中解救出来。他带领百姓治水，不分日夜地奔波忙碌。然而，这场洪水实在是太凶猛了，无论怎么治理，洪水也没有消退。

鲧听说天帝有一个叫"息壤"的法宝，可以治服洪水。于是，他没有经过天帝的允许，就想方设法从天帝那儿偷来了息壤。息壤是一件很神奇的东西，只需掰下其中的一小块投向大地，就能生长出很多土壤。正当鲧要用息壤来堵塞洪水的时候，他偷盗息壤的事被天帝发现了。天帝怒不可遏，派火神祝融杀死了鲧。

鲧的儿子叫禹。禹长大成人后，天帝便命令禹率领百姓继续治水。禹一直在思考，他的父亲鲧为什么治水没有取得成功呢？主要是因为鲧所采用的治水方法是堵塞洪水的去路，而洪水是堵不住的，只会越堵越多。于是，他改变了治水的方法，采用疏导的方法，让水流畅通，洪水也就消失了。从此，九州安澜，天下安定。

成语解释

鲧禹治水：形容人类与大自然作斗争的不屈精神。

成语造句

鲧禹治水的神话对于教育的启示意义在于，对于学生出现的一些问题，"堵"一定不是最好的方法，"疏导"则更有利于解决问题。

成语出处

《山海经·海内经》

浑 沌 之 死

　　古时候，南海、北海和中央由不同的神主宰。南海的大帝名叫
倏，北海的大帝名叫忽，中央的大帝名叫浑沌。这三位大帝都是好
朋友，经常一起出游。有一次，倏和忽来到了中央大帝浑沌管辖的
地盘。浑沌热情好客，非常热情地款待了他们。

　　受到浑沌的热情招待后，倏和忽觉得很过意不去。于是，他们
在一起商量如何报答浑沌。倏和忽左思右想，终于想到了一个报答
浑沌的好主意。倏和忽观察到，人人都有目、耳、口、鼻七窍，用
眼睛来看、耳朵来听，嘴巴用来吃饭、鼻子用来呼吸，可是人人都

有的这些器官，浑沌一样都没有。倏和忽做出了一个决定，他们要亲自动手，给浑沌凿出七窍，让他也能像人一样更好地感知这个世界。

说干就干，倏和忽开始每天在浑沌的身上开凿，每天凿出一窍，一连凿了七天，总算完工了。浑沌的身上有了七窍，但浑沌却被他俩活活地凿死了。

成语解释

浑沌之死：比喻违背自然规律办事而出现的不好的结果。

成语造句

爸爸担心花儿受不了冬天的寒气，就将它搬到空调房里，没想到好心办坏事，反而加速了花儿的死亡，这真是浑沌之死啊！

成语出处

《庄子·应帝王》

后 记

　　《楚国成语故事》是荆州市纪南生态文化旅游区为开展"楚文化进校园"活动编写的课外读物。本书选取 50 个楚国成语故事，分为"楚国郢都成语故事""楚国君王成语故事""楚国名人成语故事""楚国寓言成语故事"以及"楚国神话成语故事"五个单元编排，适合小学高年级和初中低年级学生阅读。

　　"楚国郢都成语故事"单元选取的是与楚国郢都纪南城相关的成语，其中有描写壮观的楚王宫的，有描写郢都繁华街市的，有反映郢都市井风情的，还有反映郢都高超的手工艺技艺的。通过对这些成语的学习，学生在掌握成语知识的同时，还能够增进对家乡悠久历史的了解，培养爱国爱乡情怀。"楚国君王成语故事"单元选取与楚国历史有关的成语，反映楚国历代君王奋发图强、励精图治的创业与创新精神。通过学习这些成语，有利于培养学生积极向上的奋发进取精神。在"楚国名人成语故事"单元选取的成语中，有的体现了楚国名人的爱国精神，有的反映了楚人对于亲情、友情的态度，还有的反映了楚国先贤积极进取的精神风貌，对培养学生的爱国爱乡情怀、尊亲重友情感都有积极的意义。"楚国寓言成语故事"单元选取一组蕴含丰富哲理的寓言成语，可以让学生从中感悟楚人的生活智慧，培养学生的思维能力，开启学生的心智。"楚国神话成语故事"单元选取出自楚人著作《山海经》《庄子》《楚辞》的神话故事，让学生通过阅读神话故事培养丰富的想象力，学习先民自强不息的精神。

　　《楚国成语故事》入选的成语以促进学生身心健康发展为准则，以故事性强的成语为主，编排图文并茂，形象生动，旨在通过对这些成语故事的学习，达到让学生"了解楚国文化，学习楚人精神，培养家国情怀，开启生活智慧"的目的。

　　这本小书是我们为中小学校开展楚文化知识普及教育活动所做的初步尝试。热忱期待广大师生、家长和社会各界人士提出宝贵的批评意见(电子邮箱：cwhyjy@163.com)，以便我们不断加以改进和完善，使之成为广大师生喜爱的课外读物。

编 者

2022 年 3 月 20 日